Otto Körner

Die Hygiene der Stimme

Otto Körner

Die Hygiene der Stimme

ISBN/EAN: 9783744605755

Hergestellt in Europa, USA, Kanada, Australien, Japan

Cover: Foto ©berggeist007 / pixelio.de

Weitere Bücher finden Sie auf **www.hansebooks.com**

Die
Hygiene der Stimme.

Ein populär-medicinischer Vortrag.

Von

Dr. O. Körner,

Professor ord. honor. der Medicin und Director der Ohren- und
Kehlkopfklinik der Universität Rostock.

Wiesbaden.
Verlag von J. F. Bergmann.

Nachdem ich im letzten Winter an dieser Stelle über die Hygiene des Ohres*) geredet habe, folge ich heute einer Anregung aus dem Kreise meiner Kranken, in ähnlicher Art die Hygiene unserer Stimmwerkzeuge zu besprechen. Ich leiste bereitwilligst dieser Anregung Folge, da ich täglich Gelegenheit habe zu sehen, wie wenig Sorgfalt selbst der Gebildete auf die Pflege der Stimmwerkzeuge verwendet und wie viele falsche Anschauungen ihn dazu bringen, dieselben immer wieder in unnöthiger Weise zu schädigen.

Die Bedeutung einer gesunden, das heisst einer klaren, wohllautenden und ausdauernden Stimme in Sprache und Gesang, bedarf kaum einer besonderen Betonung. Erweckt doch schon der Wohlklang der alltäglichen Umgangssprache Zuneigung, sodass wir von sympathischen Stimmen reden. Und wie viel mehr erfreut uns der Wohllaut einer klaren und reinen Singstimme! Für viele

---

*) O. Körner. Die Hygiene des Ohres. Wiesbaden, Verlag von J. F. Bergmann. 1898.

Berufskreise ist das Stimmorgan das hauptsächlichste Werkzeug des Wirkens auf Andere und das Mittel zur Beschaffung des Lebensunterhaltes, so bei Predigern, Richtern und Anwälten, Offizieren, Lehrern und Lehrerinnen im weitesten Sinne des Wortes, Schauspielern und Sängern, Verkäufern und Händlern, aller Art.

Je stärker die Stimme beruflich angestrengt wird, einer desto sorgfältigeren Pflege bedarf sie, um leistungsfähig zu bleiben.

Zum Verständniss einer vernünftigen Stimmpflege ist es nöthig, den Mechanismus der Stimmerzeugung, wenn auch nur kurz, zu besprechen.

Die Thätigkeit unserer Stimmorgane ist gebunden an die Thätigkeit unserer Athmungsorgane. Die Luft, die wir in die Brust einziehen, um unserm Athmungsbedürfnisse zu genügen, wird beim Ausathmen zur Stimmbildung verwendet.

Wir ziehen die Luft in die Lunge ein, indem wir die Brust erweitern, und athmen sie aus, indem wir die Brust wieder in ihren ursprünglichen Umfang zurücksinken lassen. Man hat die Leistung des Stimmorgans sehr anschaulich mit den Leistungen eines musikalischen Instruments, nämlich einer Orgelpfeife verglichen. Die Brust ist der Blasebalg, der die Luft durch Nase, Schlund, Kehlkopf und Luftröhre in die Lunge saugt, um sie dann auf demselben Wege wieder auszustossen. Streicht die ausgestossene Luft durch den Kehlkopf, so können wir sie durch willkürliche wegungen unserer Stimmbänder zum Tönen bringen. Die Stimmbänder entsprechen den vibrirenden Zungen der Orgelpfeife. Oberhalb der Stimmbänder durchstreichen die erzeugten Klangwellen den Schlund und verlassen den Körper durch den Mund. Dabei wird die Stimme durch zweckmässige Bewegungen der Zunge und der Lippen zur Sprachbildung verwendet. Schlund, Mund und Nase hat man mit dem Ansatzrohre der Orgelpfeife verglichen. Sie dienen zusammen als Resonanzraum für die Stimme. Wird die Resonanz in diesen Räumen gestört, wie z. B. bei Zuschwellen der Nase durch Schnupfen, oder wenn wir die Nase beim Sprechen zuhalten, so bekommt die Stimme den bekannten eigenthümlich matten oder todten Nasen-Klang.

Wir bringen die Stimme fertig mit auf die Welt. Der erste Schrei des Neugeborenen wird freudig als Beweis angesehen, dass das Kind athmet, dass es lebt. Zur Zeit der intensivsten körperlichen Entwickelung wird die hohe Kinderstimme tiefer, man nennt diese Veränderung, die bei Knaben besonders deutlich hervortritt, den Stimmwechsel oder das Mutiren. Die Singstimme eines Jeden hat einen individuellen Umfang, der selbst mit Anstrengung weder nach oben, noch nach unten nennenswerth überschritten werden kann. Die tiefen Tonlagen werden mit der sogenannten Bruststimme gesungen, d. h. mit einer Stimme, zu deren Resonanz die Brustwandungen beitragen. Höhere Tonlagen werden mit der Kopfstimme gesungen, wobei hauptsächlich Schlund und Mundhöhle als Resonanzraum dienen. Brust- und Kopfstimme nennt man Register. Die Vertheilung des Stimmumfanges auf die beiden Register ist für jedes Individuum anders und das unnatürliche, gewaltsame Herauf- oder Herabdrücken der Register strengt die Stimmorgane an und ermüdet sie vorzeitig.

Wenn wir unsere Stimme ertönen lassen wollen, haben wir folgende Organe in zweckmässige Thätigkeit zu versetzen. Vom Hirne aus werden durch die Vermittelung von Nervenbahnen zunächst die Athemmuskeln angeregt, die Arbeiten des Blasebalgs zweckmässig zu vermehren. Ferner ergeht an die Kehlkopfmuskeln der Befehl, die Stimmbänder durch Spannung zur Tonerzeugung geeignet zu machen. Schliesslich erhalten die Schlund- Zungen- und Lippenmuskeln die Weisung, durch zweckentsprechende Bewegungen die Bildung der Töne und der Sprachlaute zu bewirken.

Alle bei dieser komplizirten Arbeitsleistung in Thätigkeit tretenden Organe und Organtheile müssen gesund sein, wenn die Stimme tadellos erschallen soll. Krankheiten eines jeden einzelnen dieser Theile können die Stimme vernichten oder schädigen. Von diesen Krankheiten kann natürlich hier nicht die Rede sein, da sich die Hygiene der

Stimme nicht mit ausgebrochenen Krankheiten befasst, sondern bemüht ist, solche zu verhüten. Ich will desshalb eingehend besprechen, in welcher Weise Jedermann der Schädigung seiner Stimme vorbeugen kann.

Es gibt Leute, die so unverwüstliche Stimmorgane haben, dass dieselben keiner Pflege und rücksichtsvollen Behandlung bedürfen, sondern riesigen Anforderungen genügen, ohne Schaden zu leiden. Denken Sie nur an den Dauerredner in Wien, der das Parlament mit einer 22 Stunden langen Rede hingehalten hat! Das war freilich eine seltene Ausnahme. Die meisten Menschen müssen mit ihrer Stimme haushälterisch und vorsichtig umgehen, wenn sie dieselbe zur Erzielung ihres Lebensunterhaltes dauernd gebrauchen oder sich dieselbe zur Erhöhung der Lebensfreuden klangvoll erhalten wollen.

Da wir zur Erzeugung der Stimme vor Allem viel Luft bedürfen, ist es nöthig, durch zweckentsprechende Athmung diese grosse Luftmenge zur Bildung der Sprach- und Singstimme herbeizuschaffen. Dies geschieht durch ausgiebige Bewegungen des Brustkastens und des Zwerchfells, welche den Blasebalg der Lunge füllen und entleeren. Diese Bewegungen können natürlich nur dann in genügender Weise zu Stande kommen, wenn die Ausdehnung des Brustkastens nirgends durch beengende Kleidungsstücke gehindert oder

gestört wird. Das so oft, aus den verschiedensten
Gründen, gerügte enge Schnüren, das übrigens
keineswegs nur beim schöneren Geschlecht, sondern
auch bei geckenhaften Männern vorkommt, stört
natürlich die Bewegungen des Brustkastens und des
Zwerchfelles in so erheblichem Maasse, dass eine
starke Stimme und ein längeres Halten des Tones
ganz unmöglich wird. Glücklicherweise ist diese
schädliche Mode sehr im Rückgange begriffen und
die Erkenntniss, dass eine Wespentaille hässlich
ist und entstellt, bricht sich immer mehr Bahn.
Es ist aber nicht nur nöthig, eine grosse Luftmenge
zur Stimmerzeugung bereit zu halten, sondern dieselbe muss in gleichmässigen Pausen erneuert
werden. Wer beim Sprechen oder Singen nicht
zur richtigen Zeit wieder die Lungen mit Luft
füllt, ist genöthigt, den Mangel an stimmerzeugen-
der Luft durch krampfhaftes Auspressen des letzten
Luftrestes aus der Brust auszugleichen. Nicht nur
die Menge der zur Stimmerzeugung verwendbaren
Luft, sondern auch die Beschaffenheit derselben
ist für die Erhaltung einer klaren Stimme wichtig.
Bei unserer normalen Athmung streicht die ein-
geathmete Luft durch die Nase und wird auf diesem
Wege so verändert, dass sie den Stimmorganen
keinen Schaden bringt. Vor Allem bedarf sie der
Reinigung von reizenden Staubbeimengungen.
Staubpartikelchen, die sie mitführt, werden zum
grossen Theil an den Wänden der Nasengänge

zurückgehalten und mit dem Nasenschleim auf natürlichem Wege entfernt. Man bemerkt es ja oft erst am Taschentuche, wenn man eine mit Kohlenstaub geschwängerte Luft eingeathmet hatte. Ferner wird trockene Luft beim Durchstreichen durch die Nase von der Absonderung der Schleimhaut mit Feuchtigkeit gesättigt, sodass sie den Kehlkopf nicht mehr in nachtheiliger Weise austrocknen kann. Schliesslich dient der lange Weg durch die Nase dazu, kalte Luft in stets gleichmässiger Weise vorzuwärmen, sodass Kehlkopf und Lunge nicht durch Kälte geschädigt werden.

Es liegt auf der Hand, dass die nöthige Reinigung, Durchfeuchtung und Erwärmung der Athemluft nicht stattfinden kann, wenn wir, statt auf dem langen und komplizirten Weg durch die Nase auf dem viel kürzeren durch den Mund athmen. Das Athmen durch den Mund statt durch die Nase geschieht auf die Dauer niemals freiwillig, sondern ist immer verursacht durch einen Verschluss oder eine Verengerung der Nasengänge. Wo die Nase verstopft ist, sei es in Folge von Schleimhaut-Anschwellung beim Schnupfen oder durch die krankhafte Bildung von Polypen, oder durch das hier zu Lande so häufige übermässige Wachsthum der Rachenmandel, die direkt hinter der Nase liegt, athmen wir eine ungenügend durchfeuchtete, nicht vom Staube gereinigte und im Winter nicht ausreichend erwärmte Luft ein, die Kehlkopf und

Lungen schädigt. Um diesen Nachtheil zu beseitigen, ist es nöthig, die verstopfte Nase wieder frei zu machen, was in vielen Fällen nur durch einen ärztlichen Eingriff geschehen kann. Die Verstopfung der Nase bringt aber auch noch andere Nachtheile für die Stimme. Sie schaltet einen wichtigen Resonanzraum aus und gibt dadurch der Stimme den bekannten unschönen Nasenklang. Ferner hat die bei verstopfter Nase erzwungene Mundathmung, wenn sie zur Zeit des Körperwachsthums besteht, einen hemmenden Einfluss auf die Ausbildung des Brustkastens. Dieser bleibt im Wachsthum zurück und wird missgestaltet, sodass er zeitlebens für eine ausgiebige Arbeit als Blasebalg bei der Stimmerzeugung untauglich bleibt. Die Folgen für die Stimme sind ungenügend langes Halten des Tons, Schwäche und leichte Ermüdbarkeit der Stimme.

Nicht jede, den zarten Stimmorganen schädliche, Beschaffenheit der Athemluft wird auf dem Wege durch die Nase beseitigt. Das beständige Athmen einer zu warmen Luft verweichlicht die Athem- und Stimmorgane, während ein häufiger Wechsel in der Temperatur dieselben abhärtet. Deshalb ist es nachtheilig, in gleichmässig durchwärmten Häusern zu wohnen, in denen auch Treppenhaus und Korridore geheizt werden. Besonders schädlich ist auch das Schlafen in warmen Zimmern. In gleichmässig durchwärmten Häusern wird auch die Luft leicht zu trocken, sodass sie auch auf dem langen Wege durch die Nase nicht mehr genügend durchfeuchtet werden kann.

Besonders trockene Luft liefert die Luftheizung, darum muss bei dieser durch beständiges Verdampfen von Wasser die mangelnde Luftfeuchtigkeit ersetzt werden.

Besonders nachtheilig ist die Luftverderbniss durch Staubbeimengungen. Selbst in der normal funktionirenden Nase wird nicht aller Staub zurückgehalten, sondern ein Theil von ihm gelangt in den Kehlkopf und in die Lungen. Feste Staubpartikel, z. B. Kohlenstaub und der Staub, der beim Behauen von Steinen entsteht, dringt bis in die Gewebe der Lunge ein. Die Lungen von Kohlenarbeitern sehen schwarz aus und die Steinhauerlunge enthält in ihren Geweben beträchtliche Gewichtsmengen von Steinstaub.

Auch im gewöhnlichen Leben müssen wir vielen Staub einathmen. Darum ist es wichtig, namentlich für Leute mit empfindlichen Stimmorganen, auf eine Verminderung der Staubeinathmung bedacht zu sein. Welch grosse Staubmenge die Luft unserer Wohnräume schwängert, erkennen wir leicht, wenn ein Sonnenstrahl durch eine schmale Ritze oder ein Loch im Fensterladen fällt. Wir erkennen dann die sonst unsichtbaren Staubbeimengungen grell beleuchtet als sogenannte Lichtstäubchen in unzählbarer Masse. Namentlich sind es Wollenstäubchen, die aus Wollengardinen und dicken Teppichen stammen. Man sollte desshalb die Wollengardinen, die uns ja auch das belebende Tageslicht rauben, aus den Wohnräumen entfernen. Ausserdem macht die Heizung der Zimmer, wenn sie nicht, wie bei der Wasser- und Dampfheizung, durch geschlossene Röhren vermittelt wird, viel Staub. Unsere modernen Dauerbrand-Füllöfen, die durch Kohlen geheizt werden, sind hier ganz besonders schädlich. Das Einschütten der Kohlen, das in solche Oefen mittels Eimern von obenher besorgt wird, wirbelt jedesmal eine dicke schwarze Wolke auf, die sich dann zum Leidwesen der reinlichen Hausfrau auf alle Gegenstände und Gesimse im Zimmer als dichter Schmutzbelag niedersenkt. Beim Rütteln des Rostes, das zur Unterhaltung des Brandes von Zeit zu Zeit nöthig ist, geschieht das Gleiche. In Zimmern mit solchen Oefen gedeihen Pflanzen niemals, aber den Menschen wird der Aufenthalt darin zugemuthet. Am wenigsten Staub machen die guten altmodischen Kachelöfen, namentlich wenn sie mit Holz geheizt werden.

Auch die Beleuchtung liefert beständig Kohlenstaub, namentlich die Gasflammen- und Kerzenbeleuchtung, viel weniger ein gutes Gasglühlicht, während die elektrische Beleuchtung, deren Glühkörper nach aussen völlig abgeschlossen sind, gar nicht stauben kann. Auch in Zimmern, in welchen

Gasflammen brennen, gedeiht kein Pflanzenwuchs. Noch schlimmer ist es, wenn Gas-, Kerzen- oder Petroleumflammen russen, d. h. unverbrannte Kohlentheile in sichtbarer Menge der Luft zuführen. Besonders bei russenden, aber auch bei nichtrussenden Flammen kommen dazu noch schädliche gasförmige Verbrennungsprodukte. Die Menge der nachtheiligen staub- und gasförmigen Verbrennungsprodukte, die wir täglich einathmen müssen, wird noch in ganz unzulässiger Weise vermehrt, wenn in den Schlafzimmern Nachtlichte gebrannt werden. Ganz besonders schädlich sind die leider so beliebten Brennarbeiten auf Holz oder Leder. Wer sie anfertigt, sitzt über die Arbeit gebeugt und athmet die Verbrennungsprodukte direkt ein. Darum empfinde ich sehr gemischte Gefühle, wenn Jemand, dem ich eben mit Mühe und Noth den Kehlkopf in Ordnung gebracht habe, mir als Zeichen besonderer Dankbarkeit eine selbstgefertigte Brennarbeit verehrt. Hoffentlich werden die Brennarbeiten durch die unschädlichen Kerbschnitzereien bald ganz verdrängt.

Die Beschäftigung in staubigen Räumen ist nach dem vorher Erörterten natürlich ganz besonders schädlich für Leute, die keine genügende Nasenathmung haben und durch den Mund Luft holen müssen. Auch bei angestrengter körperlicher Arbeit, die zu häufigerem und tieferem Athemholen nöthigt, wirken die eben genannten Schädlichkeiten heftiger ein. In meiner Schulzeit wurde gerade beim Turnunterricht, der doch die Lungen kräftigen und ventiliren sollte, viel Staub eingeathmet. Bei jedem Schritt und Tritt im Turnsaale wirbelten aus den Spalten schlechter Dielen Staubwolken auf; bei Sprungübungen mussten wir auf Matratzen aufspringen, wobei jedesmal eine dichte Staubwolke aus der Matratze aufstieg und von den stark arbeitenden Lungen des Springers aufgesogen wurde. Hoffentlich ist für die heutige Schuljugend besser gesorgt.

Draussen im Freien haben wir ebenfalls mit einer Menge von Staubquellen zu kämpfen. Fabriken der verschiedensten Art liefern aus ihren Schloten allerlei schädliche Russ- und Staubarten. Auch die Heizung unserer Oefen und Herde schafft Russ und Staub in Menge durch die Schornsteine in die Luft, namentlich da, wo Heizungssysteme mit ungenügender Verbrennung des Heizmaterials üblich sind. Wer einmal im Winter durch die Strassen Londons gekommen ist, wird sich mit Unbehagen an die dichte Schmutzlage erinnern, die sich dort auf Hüten und Kleidern festsetzt. Es sind das unverbrannte Kohlenpartikelchen, die bei der dort üblichen Kaminheizung massenhaft in die Luft geführt werden.

Der Staub, der auf dem Erdboden und den Strassen entsteht, belästigt uns bei trockenem windigem Wetter. Es ist ein schweres Problem für die Behörden der Städte, diesen Staub in genügender Weise wegzuschaffen. Was hierin bisher geleistet wird, ist höchst unvollkommen. Vollkommeneres scheitert an den enormen Kosten. Die vielfach gebrauchten Kehrmaschinen leisten nur dann etwas, wenn der Staub vorher vollkommen durchnässt und also in Schmutz verwandelt ist. Wo er aber trocken daliegt, wird er durch die Maschine bis zu den obersten Stockwerken der Häuser in die Luft gewirbelt, um sich dann wieder ruhig niederzulassen. Zu den staubaufwirbelnden Kehrmaschinen gehören auch schleppende Kleider, die hoffentlich nie mehr in Mode kommen.

Der Einathmung kolossaler Staubmassen sind wir bei Eisenbahnfahrten ausgesetzt. Hier haben wir eine Mischung aus dem Staube, der in dem geschlossenen Raum des Wagenabtheils entsteht und dem, der von aussen eindringt. Dieser wird theils von dem Rauche der Locomotive geliefert, theils entstammt er dem, durch den hinrasenden Zug erschütterten Unterbau der Bahnstrecke. Dem Staube, der bei jeder Bewegung aus den Kissen und Polstern und aus der Fussmatte des Abtheils aufsteigt, kann, wer in der 1. oder 2. Klasse fährt, nicht entgehen. Die Fahrgäste der 3. Klasse mit den Holzbänken sind viel besser daran. In der 1. und 2. Klasse würden wir uns viel behaglicher fühlen, wenn Kissen und Polster durch Rohrgeflecht ersetzt wären.

Wenn wir auch dem Staube in der Eisenbahn nicht ganz entgehen können, so sind wir doch im Stande, seine Einathmung zu vermindern. Wir dürfen eben während der Fahrt nicht sprechen. Dadurch vermeiden wir das Einathmen mit dem Munde ganz und auf dem Wege durch die Nase wird die Luft ja wenigstens einigermaassen vom Staube gereinigt. Leider sind viele Leute nicht zum Stillschweigen in der Eisenbahn zu bewegen. Gar viele knüpfen gerne Reisebekanntschaften an und ziehen die Mitfahrenden in eine lebhafte Unterhaltung. Das Rollen und Rasseln des Zuges nöthigt dabei zu einer starken Anstrengung der Stimme und die eingeathmeten Staubtheilchen werden gewaltsam zwischen den Stimmbändern gerieben. Gar nicht selten verlässt der Reisende den Zug mit einer besonderen Art von Heiserkeit, die wir kurz als Eisenbahnkatarrh bezeichnen.

Auch gegen den, in den Wagen eindringenden Lokomotivrauch und Streckenstaub können wir uns einigermaassen schützen. Steht uns die Wahl des Wagens frei, so benutzen wir einen der vordersten im Zuge, denn erst auf die hinteren Wagen pflegt sich die Rauchsäule der Lokomotive zu senken und auch der von der Strecke aufgewirbelte Staub erhebt sich erst am Ende des Zuges so hoch, dass er in die Wagenfenster eindringen kann. Dann kann man sich auch gegen den Staub von aussen durch Schliessen der Wagenfenster schützen, aber

hierin geschieht gewöhnlich das Zweckwidrigste.
Eine Vorschrift im Eisenbahnverkehr lautet: Auf
Wunsch auch nur eines Mitreisenden müssen die
Fenster auf der Windseite geschlossen werden.
Von dieser her dringt aber niemals Staub und
Rauch herein, sondern er begleitet den Zug auf
der windgeschützten Seite. Auf dieser sind also
die Fenster allein zu schliessen, oder, wenn empfindliche Leute sich vor dem Wind fürchten, auf
beiden Seiten, denn selbst heisse und dumpfe Luft
in einem völlig geschlossenen Abtheil ist erträglicher und weniger schädlich als die unendliche
Qual des Staubes. Die verbreitete Furcht vor
dem Wind, die ich eben berührt habe, ist nicht
immer berechtigt. Die meisten Leute wissen den
heilsamen Wind nicht von dem schädlichen Zug
zu unterscheiden und begehen in Folge dessen
hygienische Missgriffe, die nicht selten gerade für
die Stimme verhängnissvoll werden. Zug ist Wind,
der durch kleine Ritzen oder Löcher in einen Raum
eindringt. Die verschiedene Wirkung von Zug
und Wind beruht darauf, dass der Wind eine ganze
Körperseite gleichzeitig trifft, während der Zug
nur einen kleineren Theil der Körperoberfläche
erreicht. Nun ist unsere Haut so beschaffen, dass
sie ihre Leitungsfähigkeit für Wärme und Kälte
je nach Bedürfniss zum Schutze des Körpers ändert.
Ihre zahlreichen Blutgefässe ziehen sich zusammen,
wenn sie von einem Kältereiz getroffen werden;

dadurch wird sie relativ blutleer und schützt den Körper vor allzu grosser Abgabe seiner Eigenwärme. Diese Reaktion der Haut tritt aber nur dann ein, wenn eine grosse Körperfläche von dem Kältereiz getroffen wird. Darum schadet der Wind nichts, sondern wirkt sogar als abhärtender und anregender Hautreiz nützlich. Anders ist es beim Zug; der trifft nur kleine Hautbezirke und führt desshalb nicht die allgemeine Reaktion der Haut gegen die Kälteeinwirkung herbei, sodass leicht das zu Stande kommt, was man im gewöhnlichen Leben Erkältung nennt. Der Wollapostel Gustav Jäger, der neben seinem einseitigen Wollensystem auch vieles Richtige gelehrt hat, sagt, beim Zug merken es die Hautnerven zu spät, dass ein Kältereiz vorhanden ist.

Wenn der Wind im Gegensatz zum Zuge abhärtend auf uns einwirkt, so gibt es doch auch Winde, die uns Nachtheil bringen können. Schädlich ist der Wind, wenn er Staub mit sich führt und zu wenig Feuchtigkeit hat, wie es stets der Fall ist, wenn er über weite vegetationslose Länderstrecken hingestrichen ist, ehe er uns erreicht. An der Küste führt nur der Landwind Staub. Der Seewind ist immer staubfrei. Stets gesunden Wind haben desshalb kleinere Inseln, die dem Festland nicht allzu nahe liegen, also z. B. in der Ostsee Bornholm, in der Nordsee Helgoland. Aber auch an der Küste haben wir

Orte mit immer staubfreien und dabei genügend feuchten Winden, nämlich solche, die auf der Landseite von ausgedehnten Wäldern umgeben sind. Die Wälder filtriren den Landwind, sodass er ebenso staub- und keimfrei wird, wie der Seewind, und geben Wasserdämpfe an ihn ab. Ein solch günstiger Ort mit stets zuträglichem Winde ist in unserer Nähe z. B. Müritz. Man konnte für das Friedrich-Franz-Hospiz desshalb gar keinen günstigeren Ort wählen. Vor trockenem Staubwind schützt man sich, indem man im Freien nicht spricht, solange er weht.

Nicht nur solche Reize, die mit der Luft in den Kehlkopf eindringen, schädigen dies empfindliche Organ, sondern auch Reize, die seine nächste Nachbarschaft treffen, können ihn krank machen. Dahin gehört vor allem der Reiz durch zu heiss genossene Speisen und Getränke. Leute, die sich nur wenig Zeit zu ihren Mahlzeiten gönnen, leisten oft Erstaunliches im hastigen Verschlingen heisser Speisen und Getränke. Die Folge davon ist eine intensive Röthung und erhöhte Reizbarkeit des Schlundes und des Kehlkopfes. Ueber diejenigen Krankheiten des Schlundes, die auftreten, wenn der Mund faulende Zahntrümmer enthält, besonders aber, wenn über faulenden Zahnresten Gebisse getragen werden, habe ich im vergangenen Jahre ausführlich gesprochen.*) Die Reizung, die der

---
*) Die Hygiene des Ohres. S. 22 u. 23.

Kehlkopf durch die aus solchen Quellen stammenden Fäulnissproducte erleidet, ist so stark, dass Leute mit faulenden Zahnresten niemals eine leistungsfähige Stimme haben. Da nützt dann der Zahnarzt mehr, als der beste Gesanglehrer.

Tabak und Alkohol schädigen, wenn mässig genossen, eine gesunde, nicht angestrengte Stimme wenig; wer aber an der geringsten Stimmstörung leidet, muss den Genuss von Alkohol und Tabak in jeder Form aufgeben und auch den Aufenthalt in Räumen meiden, in welchen Andere rauchen.

Nachdem ich bisher gewissermassen den inneren Schutz unserer Stimmorgane besprochen habe, will ich mich dem äusseren Schutz derselben zuwenden. Fortwährend begegnet man dem Vorurtheile, dass es nöthig sei, im Winter den Hals durch warme Umhüllungen gegen Kälteeinwirkung zu schützen. Die warme Umhüllung des Halses mit Tüchern, Boas und andern Dingen verwöhnt und verweichlicht nur, so dass es leicht zur Erkältung kommt, wenn die gewohnte warme Umhüllung einmal auch nur kurze Zeit weggelassen wird. Wer sich das Tuch oder die Boa im Winter abgewöhnen will, bekommt gewöhnlich eine Erkältung, aber damit ist die Sache auch in der Regel erledigt, wenn man nicht sogleich wieder in die alte Gewohnheit verfällt. Unsere Marinesoldaten tragen ja auch im Winter den Hals und sogar einen grossen Theil der Brust völlig nackt. Wenn sie diese Entblössung vorher noch nicht gewöhnt waren, machen sie nach ihrer Einstellung eine tüchtige Erkältung durch, aber nur diese eine, dann trotzen sie ungestraft allen Unbilden der Witterung.

Bei Leuten mit empfindlichen Halsorganen ruft jede Kälteeinwirkung, auch wenn sie entfernte Körpertheile trifft, leicht einen Halscatarrh hervor. Hiergegen nützt am Besten eine rationelle Abhärtung des Halses und des ganzen Körpers. Den Hals kann man durch regelmässiges Gurgeln mit kaltem Wasser abhärten. Das Gurgeln nützt auch, indem es die Schlundorgane zu ausgiebigen Bewegungen nöthigt, also eine Schlundgymnastik darstellt. Die allgemeine Abhärtung des ganzen Körpers habe ich in meinem vorjährigen Vortrage[*] vor Ihnen ausführlich erörtert und will desshalb das damals Gesagte nicht wiederholen. Ehe ich jedoch das Kapitel von der Verweichlichung des Halses verlasse, möchte ich noch einiges über die Schädlichkeit zu enger Umhüllungen, namentlich zu enger Kragen, erwähnen.

Die Unsitte, enge Kragen zu tragen, ist ausserordentlich verbreitet. Sie findet sich nicht nur in den Kreisen der Unbemittelten, sondern auch unter den oberen Zehntausend. Am häufigsten findet man sie bei jugendlichen Leuten, die im schnellen Wachstum begriffen sind und versäumen, ent-

---

[*] Die Hygiene des Ohres. S. 10—12.

sprechend der zunehmenden Dicke ihres Halses neue Kragen anzuschaffen. Auch bei Leuten, die lange krank und mager gewesen sind und dann wieder rasch an Körperfülle zunehmen, wird oft das Anschaffen des entsprechend weiteren Kragens vergessen. Ferner habe ich wiederholt erlebt, dass junge Damen sich den Hals eng einschnürten, in der Meinung, damit die Entstehung eines Kropfes verhüten zu können! Man findet oft entsetzlich enge Kragen bei den Kranken, sodass man nicht einen einzigen Finger zwischen Kragen und Hals einzwängen kann und nach der Entfernung des Kragens eine Strangulationsrinne um den Hals verlaufen sieht, wie bei einem Erhängten. Die Folgen davon sind sehr erheblich und gehen weit über den Rahmen dessen, was wir hier besprechen, hinaus. Da es sich aber um eine sehr wichtige und dabei wenig bekannte Sache handelt, will ich doch etwas ausführlicher darauf eingehen.

Das meiste Blut, das den Hals und den Kopf einschliesslich des Hirns durchströmt, verlässt den Kopf durch Blutgefässe, die am Hals ganz oberflächlich gelegen sind. Diese werden durch den engen Kragen zusammengepresst. Es entsteht dadurch eine übermässige Blutfülle in allen Theilen, die in und über dem engen Kragen liegen. Im Halse zeigt sich das durch eine dunkle Röthe und heftige Reizbarkeit des Schlundes und des Kehlkopfes. In der Nase führt die Halsumschnürung zu häufig wiederkehrendem Nasenbluten. In den letzten Monaten haben zwei junge Menschen wegen solchen Nasenblutens bei mir Hülfe gesucht. Beide waren schon längere Zeit vergeblich in ärztlicher Behandlung gewesen. Bei dem einen hatte der Hausarzt die Befürchtung ausgesprochen, das Nasenbluten möge die Folge einer verborgenen Herzkrankheit sein. Die einzige Ursache des Blutens war aber in beiden Fällen ein enger Kragen, nach dessen Entfernung sofort dauernde Heilung eintrat. Die Augen werden ebenfalls durch enge Kragen geschädigt. Moritz S c h m i d t erzählt darüber Folgendes. Er sah in der Augenklinik von D o n d e r s in Utrecht einen Knaben, der mit einem ganz gedunsenen Kopfe, geschwollenen Augen und vorgequollener Bindehaut den Verdacht auf eine diphtheritische Erkrankung der Augen erweckte. Das Ganze war aber nur abhängig von einem engen Hemdkragen, welcher eine tiefe Rinne um den Hals gemacht hatte. Nachdem der Kragen geöffnet war, benutzte der Kranke, wie es gewöhnlich geschieht, den ersten unbewachten Augenblick, um den Knopf wieder fest zuzumachen. Der Knopf wurde desshalb abgeschnitten, und am andern Tage konnte man den Kranken kaum wiedererkennen, da er statt eines runden Vollmondgesichtes ein ganz mageres hatte und auch die Bindehaut fast gar nicht mehr geschwollen war.

Dieser Mittheilung füge ich als neue Erfahrung bei, dass sogar das Hirn durch enge Kragen leiden kann. Vor einiger Zeit klagte mir ein wissenschaftlich sehr thätiger Mann über lästigen Kopfdruck und Ohrensausen. Er glaubte, die Ursache in einem Stockschnupfen gefunden zu haben. Ein solcher bestand allerdings, war aber nicht stark genug, um die Beschwerden zu erklären. Die Frau des Kranken kam hinter seinem Rücken zu mir und klagte, ihr Mann könne nicht mehr geistig arbeiten; er sitze stundenlang an seinem Schreibtische, brüte über seinen Büchern, bringe aber nichts mehr zu Stande. Alle diese Erscheinungen waren allein verursacht durch das Tragen enger, in die Haut einschneidender Kragen und schwanden nach deren Beseitigung wie mit einem Schlage.

Den Kehlkopf schädigt der enge Kragen nicht nur durch die Blutstauung, sondern auch durch die Beeinträchtigung der Bewegungen des Stimmorgans beim Sprechen und Singen. Wie wichtig die freie Beweglichkeit des Kehlkopfes für die Singstimme ist, erhellt daraus, dass man nur erhobenen Hauptes gut singen kann. Beugt man den Kopf auf die Noten und zwängt dadurch den Kehlkopf ein, so ist der Wohlklang der Stimme dahin und es tritt alsbald Ermüdung ein.

Auch beim Vorlesen darf man den Kopf nicht auf das Buch herunterbeugen, sondern muss das Buch hoch halten oder sich eines Lesepultes bedienen. Das Vorlesen mit herabgebeugtem Kopfe ist besonders schädlich für Leute, die schon durch Blutarmut oder Nervosität geschwächt sind, wie es z. B. bei Gouvernanten und Gesellschafterinnen häufig vorkommt. Ihre Stimme versagt dabei schon nach kurzer Zeit.

Vorzeitige Ermüdung, ja sogar eine dauernde Schädigung der Stimme kann auch eintreten, wenn man während des Mutirens, oder zur Zeit einer körperlichen Indisposition, oder mit gefülltem Magen, oder in mit Tabakrauch geschwängerten Lokalen angestrengt redet oder singt.

Bei belegter Stimme oder gar bei Heiserkeit darf man nicht laut und lang sprechen und nicht singen. Manchmal gelingt zwar der Versuch, eine belegte Stimme freizusingen, sehr oft aber wird dadurch die Sache nur schlimmer. Auch das übermässige Räuspern und Husten ist schädlich. Viele Leute zwingen sich beim geringsten Kitzel im Halse zu einem krampfhaften Räuspern. Das Räuspern muss unterdrückt werden, was bei einiger Energie und mit Hülfe von Wasserschlucken leicht gelingt. Der Husten reizt einen empfindlichen Kehlkopf ebenfalls in schädlicher Weise. Er ist nur dann nützlich, wenn er zum Herausbefördern von Schleim aus kranken Lungen dient, in allen anderen Fällen aber schädlich und muss so viel als möglich unterdrückt werden.

Bis hierher war vorzugsweise die Rede von dem Schutze und der Pflege unserer Stimmwerkzeuge als eines einzelnen Organsystems. Als Theil des Gesammtorganismus steht es aber in den innigsten Beziehungen zum übrigen Körper und nimmt an dessen Wohl- oder Uebelbefinden stets seinen Antheil. Die Stimme schwacher und kränklicher Leute ermüdet schon beim Singen eines kurzen Liedes und erleidet bleibenden Schaden, wenn der Gesang nicht so lange aufgegeben wird, bis sich das Allgemeinbefinden gehoben hat. Hier nützen hygienische Maassnahmen, die den Gesammtorganismus fördern und kräftigen, auch indirect dem Stimmorgan.

Unter den förderlichen hygienischen Maassnahmen haben Gymnastik und maassvoll betriebener Sport den grössten Wert. Aber nicht jede Art dieser Leibesübungen ist für die Stimme gleich nützlich. Vor Allem sind nur solche Leibesübungen zulässig, die in staubfreier Luft ausgeübt werden, besonders Rudern, Schwimmen, Schlittschuhlaufen und Lawn-Tennisspielen. Das Radfahren ist bei empfindlichen Stimmorganen nur selten zu empfehlen, denn es bannt uns im Gegensatz zu den edleren Sportarten zu sehr an den Staub der Landstrassen. Leuten, die durch den Mund athmen, verbiete ich es streng. Am besten ist das Rudern, weil es die Brust- und Zwerchfellmuskeln kräftig ausbildet, sodass sie die Lungen, den Blasebalg unseres Stimmwerkzeuges, in ausgiebige Bewegung setzen und damit die Grundlage für eine starke und ausdauernde Stimme abgeben. Umgekehrt wirkt das Singen wieder günstig auf die Ausdehnung der Brust und die Ventilation der Lungen. Der Gesang ist desshalb eine ausgezeichnete Lungengymnastik. Wir wissen, dass sich der Tuberkelbacillus besonders leicht in den Lungen engbrüstiger junger Leute einnistet und die Lungenschwindsucht herbeiführt. Eine Förderung der Ausbildung des noch wachsenden Brustkastens durch Gesangsübungen ist desshalb ein mächtiger Factor in der Bekämpfung dieses gefürchteten Würgengels der Menschheit. Engbrüstige Kinder sollte man so früh wie möglich zum Singen anhalten, auch wenn sie keine schöne Stimme haben oder wenig musikalisch beanlagt sind.

Ganz andere Gesichtspunkte sind maassgebend, wenn es sich um die Frage handelt, ob Jemand auf die Ausbildung zum berufsmässigen Gesang Zeit und Geld verwenden soll. Die Anforderungen, die der Kunstgesang nicht nur an die Stimmwerkzeuge, sondern an den ganzen Organismus stellt, sind gross. Oft wird das nicht beachtet. Gar mancher Schüler und namentlich manche Schülerin unserer Conservatorien erkennt erst nach jahrelangem fruchtlosem Bemühen das Unzulängliche ihrer Stimmmittel und ihrer Körperkräfte. Dieses häufige Misslingen kommt meist daher, dass solche Leute den Beruf nicht wählen, weil sie die nöthigen Stimmmittel haben, sondern in der falschen Meinung befangen sind, dass auch ein ungenügendes Stimmorgan durch fleissige Uebung leistungsfähig gemacht werden könnte.

Wer den Gesang zum Lebensberuf wählen will, sollte stets vorher einen sachverständigen Arzt befragen, ob seine gesammte Constitution und namentlich seine Stimmwerkzeuge einer solchen Aufgabe gewachsen sind. Nervöse, bleichsüchtige, durch schlechte Ernährung oder durch Noth und Sorgen heruntergekommene Leute müssen einen andern Beruf wählen. Leute mit mangelhaft ausgebildeten Resonanzräumen erlernen niemals einen wohlklingenden und ausdauernden Gesang. Es ist traurig zu sehen, wie solche Menschen ihre unverschuldeten Mängel durch Ueberanstrengung der Stimme in stundenlangem Ueben überwinden wollen und damit die Stimme immer mehr und mehr schädigen.

Unter Ihnen wird hoffentlich Niemand sein, der sich in solcher Lage befindet. Ich habe aber auch diese, Ihnen persönlich fernliegenden Dinge nicht übergangen, weil ich hoffe, damit doch hier und da Nutzen bringen zu können. Es ist ja gerade der Vorzug der populär-medicinischen Belehrung, dass sie nicht nur den mehr oder weniger zufällig zusammengekommenen Hörern zu Gute kommt, sondern dass auch ein Jeder, der ihr aufmerksam folgt, in die Lage versetzt wird, das Gehörte in seinem Verkehrs- und Wirkungskreise weiter zu verbreiten und so auch für Andere nutzbringend zu verwerthen.

Verlag von J. F. BERGMANN in Wiesbaden.

Soeben erschien:

Ueber Entstehung und Verhütung der
Tuberkulose als Volkskrankheit.

Mit besonderer Berücksichtigung der
Errichtung von Volksheilstätten im deutschen Vaterland.

Von Professor Dr. Fr. Mosler, Greifswald.

Preis M. 2.—.

In dem Werke sind in klarer, übersichtlicher, umfassender und besonders auch dem Laien verständlicher Weise die Gesichtspunkte beleuchtet, die in dem jetzt allgemein aufgenommenen Kampfe gegen den tückischen und verheerenden Feind die Menschheit in's Auge zu fassen, und sind die Waffen geboten, mit denen, wenn auch nach langem und ernsten Ringen, der Sieg erfochten werden kann und muss.

In sieben Vorlesungen bespricht der Verfasser den einschlägigen Stoff. Ausgehend von dem Wesen der Tuberkulose und den Wegen ihrer Entstehung durch Einathmung der Tuberkel-Bacillen und ihrer Verbreitung legt er dar, dass nicht die Krankheit als solche, sondern nur die Disposition zu ihr erblich ist und giebt zunächst die vorbeugenden Massnahmen für Familie und Haus an die Hand, unter Hinweis darauf, dass Lungenschwindsüchtige für ihre Umgebung keine Ansteckungsgefahr bedingen, wenn für zweckmässige Beseitigung des Auswurfes, für Desinfection der Effecten und des Krankenzimmers gesorgt, direktes Anhusten und intimer Verkehr vermieden werden.

. . . . . Nachdem Verfasser dann noch die grosse Rolle geeigneter Ernährung, das diätetische und physikalische Heilverfahren, sowie die vorbeugende Krankenpflege eingehend gewürdigt hat, wendet er sich am Schlusse seines Buches der Heilstättengründung zu, und gipfelt auf Grund seiner reichen Erfahrung in dem wohlbegründeten Satz, dass durch sorgfältige Behandlung im eigenen Hause und in wohl geleiteten Anstalten überall im deutschen Vaterlande mindestens die gleichen Resultate, hauptsächlich in den ersten Stadien der Tuberkulose, erzielt werden können, als im Hochgebirge und im fernen Süden.

Dr. Penkert, Reg.- u. Med.-Rath, Merseburg, i. d. Landeszeitung.

Das ganze, ausserordentlich anregend und lebendig geschriebene Werkchen ist von dem Hauche einer wohltuenden idealen Gesinnung durchzogen. Diese ideale Auffassung seines Lehramtes, seines ärztlichen Berufes hat die direkte Veranlassung zur Abfassung der vorliegenden Schrift abgegeben, die sich ebensowohl an die Aerzte wie an die verschiedenartigsten Elemente im deutschen Volke, an Vereine, an Behörden aller Art wendet. Nachdem der Verfasser in den beiden einleitenden Kapiteln die Fragen betreffend die Erblichkeit und die Uebertragbarkeit der Tuberkulose gemäss den neuesten Forschungsergebnissen eingehend und mit aller erforderlichen kritischen Besonnenheit, auch die Ansteckungsgefahr durch thierische Nahrungsmittel, behandelt hat, wendet er sich dann der Betrachtung der Wohnungsfrage zu und erörtert die nothwendigen Folgen schlechter oder überfüllter Wohnräume auf die Gesundheit der Menschen, und knüpft an diese Betrachtung eine Reihe hygienischer Forderungen, die in dem innigsten Zusammenhange mit allen denjenigen auf die Eindämmung der Tuberkulose abzielenden Bestrebungen stehen.

Das Schriftchen verdient, in die weitesten Kreise der Bevölkerung Eingang zu finden. *Berliner Tageblatt.*

Verlag von J. F. BERGMANN in Wiesbaden.

Pathologie und Therapie
der
Neurasthenie und Hysterie.
Dargestellt von Dr. L. Löwenfeld,
Specialarzt für Nervenkrankheiten in München.
Preis M. 12.65.

..... Ein mit Fleiss und Sorgfalt geschriebenes, sichtlich auf eingehender Kenntniss der Literatur und grosser eigener Erfahrung beruhendes Werk, dem noch obendrein zu Statten kommen wird, dass es, insbesondere hinsichtlich der Hysterie, eine sehr fühlbare Lücke in der deutschen medicinischen Literatur ausfüllt.

Alles in allem geht unser Urtheil dahin, dass das Buch in hohem Maasse geeignet ist, ein tieferes Verständniss für die Zustände, die es abhandelt, in weitere Kreise zu tragen, und dass es insbesondere auch im Punkte der Therapie ein vortrefflicher Rathgeber genannt werden darf. Wir wünschen ihm eine weite Verbreitung in den Kreisen der praktischen Aerzte.   „Fortschritte der Medicin".

DIÄTOTHERAPIE
für Aerzte und Studirende
von Dr. Friedrich Schilling,
Kreisphysikus, Verfasser der X. Auflage des Kunze'schen Compendiums für innere Medicin, der speciellen Therapie, der Hydrotherapie für Aerzte.
Preis elegant gebunden M. 3.—.

Inhalt: I. Bedeutung der Diät. II. Ueber Nahrungsmittel, Stoffwechsel und Physiologie der Ernährung. III. Nahrungsstoffe, Genussmittel und Ihre Zubereitung. IV. Künstliche Ernährung. V. Fieberdiät. VI. Diätetische Kuren (Milch-, Molken-, Traubenkuren, Mastkuren, Kumyskuren, Vegetarismus, Entfettungskuren, Zuckerruhrdiät, Schroth- und Oertel'sche Kur). VII. Konstitutionskrankheiten. VIII. Nervenkrankheiten. IX. Herzkrankheiten. X. Magen- und Darmkrankheiten. XI. Unterleibs-Entzündung. XII. Leberkrankheiten. XIII. Nieren- und Blasenkrankheiten. XIV. Geschlechtskrankheiten. XV. Diät im Wochenbette. XVI. Prochownikdiät.

„Die Diät ist der wichtigste Hebel der ärztlichen Technik", so lautet ein Ausspruch v. Frerichs. Man darf wohl, ohne Widerspruch zu erfahren, behaupten, dass der Bedeutung der Diätotherapie in der Krankenbehandlung weder im klinischen Unterricht noch in den gebräuchlichen Lehrbüchern der inneren Medicin gebührend Rechnung getragen wird. Sehr bald dämmert dem jungen Arzt am Krankenbette die Erkenntnis auf, dass mit Stellung der Diagnose und dem Verschreiben eines Rezeptes dem Kranken nicht geholfen ist, insbesondere machen sich bald die Lücken empfindlich geltend, welche die Ausbildung nach Seite einer diätetische Verordnungen gelassen hat. Auf diesem Gebiete Versäumtes nachzuholen, soll das Werkchen Aerzten und Studirenden Gelegenheit geben. Verf., dem reichliche Erfahrung unterstützend zur Seite stand, erledigte sich seiner Aufgabe mit grossem Geschick. Das Büchlein, in dem alle einschlägigen Fragen ausführliche Beantwortung finden, wird für den Praktiker von grossem Nutzen sein und auf diese Weise zahlreichen Kranken zum Segen gereichen.

Verlag von J. F. BERGMANN in Wiesbaden.

DIE
HYGIENE DES OHRES.

Von
Professor **Dr. O. Körner**,
Direktor der Ohren- und Kehlkopfklinik der Universität Rostock.
Preis M. —.60.

Die
HYGIENE DER STIMME.

Ein populär-medizinischer Vortrag.
Von Professor **Dr. O. Körner**,
Director der Ohren- und Kehlkopfklinik der Universität Rostock.
Preis ca. M. —.60.

Geistesstörungen in der Schule. Vortrag von Conrector **Chr. Ufer.** *Preis M. 1.20.*

Nervosität und Mädchenerziehung in Haus und Schule. Von Chr. Ufer. *Preis M. 2.—.*

Die Neurasthenie, ihr Wesen, ihre Ursachen, Behandlung und Verhütung. Gemeinverständlich dargestellt von **Dr. med. P. Brauns.**
Preis M. 1.60.

Die moderne Behandlung der Nervenschwäche und Hysterie. Von **Dr. L. Löwenfeld**, Spezialarzt für Nervenkrankheiten in München.
Dritte Auflage. *Preis M. 2.80.*

Verlag von J. F. BERGMANN in Wiesbaden.

Die Nervenkranken
und ihre Behandlung in den Bädern.

Praktische Winke

von

Dr. Martin Bruck,
Bad Nauheim und Rapallo bei Genua.

Preis M. —.80.

Ueber den Einfluss des Gebirgsklimas auf den gesunden und kranken Menschen von **Dr. Felix Wolff.**
Preis M. 1.20.

Ueber die habituelle Verstopfung und ihre Behandlung mit Electricität, Massage und Wasser. Von **Dr. Georg Hünerfauth** in Eisenach. Zweite Auflage.
Preis M. 1.60.

Rheumatismus und Gicht und deren Behandlung mit Electricität, Massage und Wasser. Von **Dr. Georg Hünerfauth** in Eisenach.
Preis M. 2.—.

Diätotherapie für Aerzte u. Studirende von **Dr. Schilling,** Kreisphysikus in Querfurt. *Preis M. 3.—.*

Wie ist Radfahren gesund? Hygienische Studien auf dem Zweirade. Von **Dr. med. Mart. Siegfried,** Bad Nauheim. *Preis M. 1.20.*

Die Kunst, das menschliche Leben zu verlängern.
Von Prof. **Dr. W. Ebstein,** Göttingen.
Preis M. 2.—, gebd. M. 2.80.

Verlag von J. F. BERGMANN in Wiesbaden.

DIE PFLEGE DES AUGES
in Haus und Familie.
Von
Dr. Oskar Eversbusch,
o. ö. Professor der Augenheilkunde an der Universität Erlangen.
Preis M. —.60.

Der als Leiter einer angesehenen Universitäts-Augenklinik bekannte Verfasser giebt in diesem Schriftchen die auf **Erhaltung der Sehkraft** bezüglichen hygienischen Erfahrungen der **Neuzeit** kund. Alle Seiten des **familiären Lebens** sind berührt und überall findet der Leser auch **praktische Rathschläge**, wie den in unserer Zeit so häufig auftretenden Augenübeln am wirksamsten und am einfachsten zu begegnen ist. Die kurze und präcise Art der Darstellung ist geeignet, das Schriftchen auch im **Laienpublikum**, für das es in erster Linie bestimmt ist, beliebt zu machen.

PRAKTISCHES KOCHBUCH
für
chronisch Leidende
mit besonderer Berücksichtigung
der
Steinleidenden
nebst practischen Winken für die Pflege der letzteren.
Nach ärztlichen Anordnungen
und eigenen langjährigen Erfahrungen zusammengestellt
von
Frau Reg.-Rath Louise Seick in Kassel.
Preis M. 2.—.

Praktisches Kochbuch für chronisch Leidende u. s. w, (Verlag von J. F. Bergmann in Wiesbaden) nennt sich ein Kochbuch, welches für mancherlei Krankenpflege der Hausfrau wichtige Dienste leisten und ihr werthvolle Anregung und praktische Rathschläge ertheilen wird. Gerade bei schweren Krankheiten ist die richtige **Ernährung** und **Verpflegung** einer der wichtigsten Faktoren für die Erhaltung des Lebens und zur Genesung, und die Aneignung praktischer Kenntnisse für passende Krankenkost gehört zu dem Wissen, das jede Hausfrau besitzen sollte. Das aus langjähriger Erfahrung hervorgegangene praktische Kochbuch für chronisch Leidende dürfte daher allen Hausfrauen ein guter Wegweiser sein. „*Deutsche Zeitung*", Berlin.

Verlag von J. F. BERGMANN in Wiesbaden.

365 Speisezettel
für
Zuckerkranke und Fettleibige.
Mit 20 Rezepten
über
Zubereitung von Aleuronatbrot und Mehlspeisen.
Zweite vermehrte und verbesserte Auflage
von F. W.
Preis elegant cart. M. 2.—.

KOCHBUCH
für
Zuckerkranke und Fettleibige.
Unter Anwendung
von Aleuronat-Mehl und -Pepton
von F. W.,
Verfasserin der „365 Speisezettel für Zuckerkranke".
Dritte vermehrte und verbesserte Auflage.
Preis M. 2.—.

Inhalt: Suppen, Seite 8—25. — Krebse und Fische, Seite 28—42. — Saucen, Seite 44—49. — Fleischspeisen, Seite 52—87. — Wildpret, Seite 90—105. — Warme und kalte Gemüse, Eingesottenes und Dörrvorräthe, Seite 108—122. — Bäckereien und Mehlspeisen, Seite 124—135. — Gefrorenes, Seite 136—137. — Erlaubte Getränke, Seite 138—140.

Als Ergänzung zu den kürzlich besprochenen „365 Speisezettel für Zuckerkranke" ist von derselben unbekannten Verfasserin ein Kochbuch für Zuckerkranke und Fettleibige erschienen. Wie schon früher erwähnt, vermeidet Verfasserin in glücklicher Weise, ohne einseitig zu werden, alle den Zuckerkranken so schädlichen Kohlehydrate, indem sie Mehl u. dergl. durch Pflanzen-Eiweiss (Aleuronat) ersetzt. Natürlich wird dadurch die ganze Speisenzubereitung eine wesentlich andere, und auch die geschickte Köchin bedarf einer Anleitung, wie der vorliegenden. Verfasserin hat ihr Kochbuch so abgefasst, dass eine geübte Köchin die Abwechselung noch mannigfacher gestalten kann und dabei den Geschmack der Patienten, sowie die zur Verfügung stehenden Geldmittel berücksichtigen kann. Die Recepte sind sämmtlich praktisch erprobt, und somit kann das Werkchen Zuckerkranken bestens empfohlen werden.
Norddeutsche Allgemeine Zeitung.

Verlag von J. F. BERGMANN in Wiesbaden.

Handbuch
der
Medicinischen Gymnastik.

Von

Dr. med. Anders Wide,
Dozent der medicinischen Gymnastik und Orthopädie, Director des
gymnastisch-orthopädischen Instituts zu Stockholm.

Mit einem Titelbild u. 94 in den Text gedruckten Abbild.

Preis M. 11.—.

. . . . . Lange bestand schon der Wunsch, dass von berufener Seite ein neues Lehrbuch entstehen möge. Kaum konnte sich ein geeigneterer Mann finden als W i d e, der seit langer Zeit als Director des gymnastisch-orthopädischen Institutes zu Stockholm fungirt, der über ein grosses klinisches Material verfügt und gleichzeitig als anerkannter Lehrer thätig ist, so dass ihm die Bedürfnisse der Lernenden wohlbekannt sind.

. . . . . Wer je sich mit dem Studium der so überaus interessanten schwedischen Gymnastik näher befassen wird, wird das vortreffliche Buch W i d e 's nicht entbehren können.

Dr. v. Frankl-Hochwart i. d. Wiener Klinischen Rundschau.

Lehrbuch
der
gesammten Psychotherapie.

Mit einer einleitenden Darstellung der Hauptthatsachen
der
Medicinischen Psychologie
von
Dr. L. Löwenfeld,
Specialarzt für Nervenkrankheiten in München.

Preis M. 6.40.

Verlag von J. F. BERGMANN in Wiesbaden.

Lehrbuch
der
Schwedischen Heilgymnastik

unter
Berücksichtigung der Herzkrankheiten.
Von
Dr. med. Henry Hughes,
Arzt in Bad Soden i. T.

Mit 144 Abbildungen, 100 Uebungen und 40 Recepten.

Preis M. 6.—.

DIE GICHT
und
ihre erfolgreiche Behandlung.
Von
Dr. Emil Pfeiffer,
Sanitäts-Rath in Wiesbaden.

Zweite Auflage. Preis M. 2.80.

Die Ursachen der Gicht. — Die Erscheinungen bei der Gicht. a) Der akute Gichtanfall; die Erklärung des akuten Gichtanfalles. b) Die vicariirenden Formen des akuten Gichtanfalles. c) Der Verlauf der Gicht; der Verlauf der Gicht innerhalb der Familien; der Verlauf der Gicht beim einzelnen Kranken. d) Die Erscheinungen der chronischen Gicht: Erscheinungen an der Haut; Erscheinungen an den Bewegungsapparaten; Erscheinungen am Nervensystem; Erscheinungen an den Sinnesorganen; Erscheinungen an den Respirationsorganen; Erscheinungen an den Circulationsorganen; Erscheinungen an den Verdauungsorganen; Erscheinungen an den Harnorganen; akute Erscheinungen an chronisch erkrankten Theilen; das Allgemeinleiden bei der chronischen Gicht. — Complicationen der Gicht. — Vorhersage und Ausgänge bei der Gicht. — Diagnose der Gicht. — Behandlung der Gicht. Behandlung der akuten Erscheinungen; Behandlung der gichtischen Diathese; Behandlung der chronischen Veränderungen bei der Gicht.

Verlag von J. F. BERGMANN in Wiesbaden.

Specielle Pathologie und Therapie
der
Magen- und Darmkrankheiten

von

Prof. Dr. Richard Fleischer
in Erlangen.

Preis M. 12.—.

Das vorliegende Werk, das einen — besonders käuflichen — Abschnitt des Fleischer'schen Lehrbuchs der inneren Medicin darstellt, ist in Bezug auf Durchführung einer wirklich systematischen Darstellung vielleicht das Hervorragendste, was in den letzten Jahrzehnten in der klinischen Medicin geschrieben worden ist. Es ist keineswegs nur eine „Pathologie und Therapie" der betreffenden Krankheiten, sondern es enthält neben ausführlichen und sehr dankenswerthen geschichtlichen Einführungen in die einzelnen Kapitel noch jedesmal eine durchaus erschöpfende Abhandlung über die dazu gehörigen physiologischen Verhältnisse, sodass in dem Rahmen der Klinik auch noch eine Physiologie der Verdauung, Assimilation und Ernährung eingefügt ist. Welch enorme Arbeitsleistung dies bedeutet, wird noch klarer, wenn hinzugefügt wird, dass von den annähernd 1400 Seiten des Buches ein beträchtlicher Theil noch Petit gedruckt ist . . . . . Besonders zu gedenken ist noch der zweiten Hälfte desselben, die den Darm behandelt; sie giebt eine erschöpfende klinische Physiologie und Pathologie des Darmes, die beste, die wir in der modernen Literatur haben, und hat in den bisherigen Lehrbüchern über Darmkrankheiten keine Konkurrenz. Schon aus diesem Grunde kann das Buch nicht warm genug denen empfohlen werden, die sich die Zeit nehmen wollen, sich eingehend mit diesem Gegenstand zu beschäftigen. — Der Preis ist übrigens im Verhältniss zu dem Umfang des Werkes auffallend niedrig.

Dr. G. Honigmann i. d. Zeitschrift f. prakt. Aerzte.

Verlag von J. F. BERGMANN in Wiesbaden.

Die Krankenkost.

Eine kurze Anweisung, wie dem Kranken die Speisen zu bereiten sind.

Mitgetheilt aus 40jähriger eigener Erfahrung

von

Justine Hidde,

Diakonissin vom Mutterhause Danzig, in Berlin.

Mit einem Vorwort

von

Dr. med. Martin Mendelsohn,

Professor der inneren Medicin an der Universität Berlin.

Preis elegant cartonnirt M. 2.—.

Vorrede: Schwester Justine hat in den nachstehenden Blättern die Erfahrungen aufgezeichnet, welche sie in einer vierzigjährigen eigenen Thätigkeit in der Krankenpflege gewonnen hat. Sie hat mich ersucht, ihren „Anweisungen, wie den Kranken das Essen zu bereiten ist" ein Wort der Empfehlung mit auf den Weg zu geben, und ich komme diesem Wunsche gern nach. Zwar vermag ich über das rein Technische der Vorschriften nicht in allen Einzelheiten zu urtheilen — hierin muss ich zu der, während eines ganzen Menschenalters in eigener Bethätigung erworbenen Sachkenntniss der Verfasserin volles Zutrauen haben. Aber was mir in hohem Maasse sympathisch ist und was ich als verdienstlich und für die Allgemeinheit nützlich erachte, ist, dass überhaupt Anweisungen, wie diese hier, der Oeffentlichkeit zugänglich gemacht werden.

Die Krankenpflege erobert sich in unseren Tagen sicher und stetig einen gleichberechtigten Platz neben den anderen Zweigen der Therapie; sie wird mehr und mehr die Disziplin ärztlichen Handelns, die der Arzt beherrschen und in ihren feinen Einzelheiten gebrauchen lernt. Aber zu ihr gehört, wie kaum zu einem anderen Gebiete der Heilkunst, eine Summe von Technik, von Zurüstungen und Handreichungen, von Zubereitungen und Anwendungen, die alle in ihren Details weder für die Aerzte noch für die Kranken bisher hinreichend klar gelegt sind, um Allen und Jedem, der ihrer bedarf, zur Verfügung zu stehen. Und darum ist ein jeder Versuch, hier weiter zu bauen, aus ärztlichen wie aus wissenschaftlichen Gründen gleichermassen mit Freuden zu begrüssen.

Schwester Justine hat einen solchen Versuch, einen der technischen Theile der so überaus wichtigen Frage der Krankenernährung: die Bereitung der Krankenspeisen, zu schildern, im Nachstehenden unternommen. Ich bin gewiss, dass ihre Erfahrungen nun noch einer bei weitem grösseren Zahl von Kranken zu Gute kommen werden, als das bisher in dem eigenen, immerhin abgegrenzten Kreise ihres reichen Wirkens bereits der Fall war.

Dr. Martin Mendelsohn,
Professor der inneren Medicin an der Universität Berlin.

Verlag von J. F. BERGMANN in Wiesbaden.

Wie wird man tuberkulös?
Bekenntnisse des Menschenfeindes T. B.
Aufgezeichnet von Dr. G. H. Gröningen,
Oberstabsarzt in Strassburg i. E.

Preis M. 2.—.

..... In äusserst interessanter Schilderung und zwar im Gewande einer Reihe ebenso spannender, wie poetisch reizvoller Novellen weist der Verfasser darauf hin, wie all' unsere Verkehrs- und andere Einrichtungen des modernen Lebens die Uebertragung und die Fortpflanzung des Tuberkel-Bacillus, dieses grössten Feindes der Menschheit, auf's Verderblichste erleichtern, und mahnt uns, Belehrung und Unterhaltung in eigenartiger Form miteinander verbindend, solcher, theilweise von der heutigen Gesellschaft selbst geschaffener Uebertragung dieses unscheinbaren und doch geradezu völkermordenden Bacillus entgegen zu treten. . . . .

Ist doch der gesündeste Mensch empfänglich, diese Keime in sich aufzunehmen und die Tuberkulose, eine Krankheit, die lediglich nur durch Uebertragung von Tuberkel-Bacillen entsteht und das Wesen der Schwindsucht bildet. . . . .

..... Möchte das Büchlein durch seine hinreissend glänzende Darstellung in weitesten Kreisen, namentlich auch bei unserer Frauenwelt verständnissvolle Aufnahme finden und so seine angestrebte Wirkung thun! Dann wird der verdienstvolle Verfasser und warmherzige Volksfreund dazu beigetragen haben, diesem verheerenden Uebel, dem jährlich Hunderttausende, oft schon in ihrer Blüthe, unterliegen, durch richtige Vorsorge seitens des Einzelnen, wie in Gemeinde- und Staats-Organisationen erfolgreich zu steuern.
„Mindener Ztg."

Ein Büchlein, das nicht genug empfohlen werden kann, ein Büchlein, für dessen Bekanntwerden in Laienkreisen die Aerzte Sorge tragen sollten. Von den edelsten Principien durchdrungen, unterrichtet der Verfasser den Laien über die vielen Wege, auf welchen Infection mit dem Tuberkel-Bacillus stattfinden kann und stellt dies alles in einer stilistisch formvollendeten, leicht lesbaren Weise dar. . . . .
„Prager Med. Wochenschrift."

Kritische Betrachtungen
über Ernährung, Stoffwechsel u. Kissinger Kuren.
Von Dr. R. Brasch, Kurarzt in Bad Kissingen u. San Remo.

Preis M. 1.40, eleg. gebunden M. 1.80.

INHALT: Einleitung. — Die Lebensvorgänge im Allgemeinen. — Gesundheit und Krankheit. — Die Heilung der Krankheiten. — Die Kissinger Kurmittel: Allgemeines. Die örtlichen Verhältnisse. Die Diät. Die Trinkkur. Die Bäder. Unterstützungsmittel der Kur. Schlusswort. — Anhang: Zeit der Kur. Wohnung und Kleidung. Essen und Trinken. Spaziergänge.

Verlag von J. F. BERGMANN in Wiesbaden.

Leitfaden
zur
Pflege der Wöchnerinnen und Neugeborenen.

Von

Dr. Heinrich Walther,
Professor an der Universität Giessen, Frauenarzt, Hebammenlehrer.

Mit einem Vorwort
von Geh. Med.-Rath Prof. Dr. H. Löhlein, Giessen.

Preis elegant gebunden M. 2.—.

Auszug aus Besprechungen: ..... In diesem Leitfaden finden wir eine sehr eingehende, umfassende und sehr übersichtliche Darlegung aller in der Wochenpflege vorkommenden Massnahmen. Als ein besonderer Vorzug des Buches ist es anzusehen, dass der Verfasser sich nicht nur auf die Specialtechnik der Wochenpflege beschränkt hat, sondern an den Anfang des Buches zunächst einen allgemeinen Theil gesetzt hat, obgleich er das Buch in erster Linie speciell für Wochenpflegerinnen bestimmte. Nach einem anatomisch-physiologischen Ueberblick über Bau und Verrichtungen des menschlichen Körpers, die weiblichen Geschlechtstheile, Bau der Brüste, Abriss über Schwangerschaft und Geburt, Veränderungen des mütterlichen Körpers im Wochenbett, Lebensäusserungen des neugeborenen Kindes folgt ein Abriss der allgemeinen Krankenpflege, sodann die Kapitel: Pflege der gesunden Wöchnerin, Pflege des gesunden Kindes in den ersten Lebenswochen, ferner: die wichtigsten Erkrankungen im Wochenbett, die wichtigsten Erkrankungen des Neugeborenen während der ersten Lebenswochen. Beigegeben ist am Schluss ein Anhang: die wichtigsten Hilfeleistungen der Wochenpflegerin, sowie Kostzettel für Wöchnerin und Kind. . . . .

..... Das vorzügliche und billige Buch, dessen Werth noch durch eine Anzahl vom Verfasser selbst gezeichneter, sehr instruktiver Abbildungen erhöht wird, wird hierdurch allen Krankenpflegerinnen und Wochenpflegerinnen auf das Wärmste empfohlen,
Dr. *Jacobsohn, i. d. „Deutschen Krankenpflege-Zeitung"*.

..... Das vorliegende Büchlein enthält in leicht fasslicher Form eine klare Uebersicht über die Pflege der Wöchnerin und des Neugeborenen und soll in erster Linie als Unterrichtsmittel für solche Frauen und Mädchen dienen, welche sich dem Berufe der Pflegerin widmen. Auf Grund mehrjähriger Erfahrungen als Leiter von Hebammen- und Pflegerinnen-Kursen an der Frauenklinik zu Giessen hat der Verfasser zunächst alles das vorgetragen, was zur Ausübung einer rationellen Pflege zu wissen nothwendig ist, und erst dann die Besprechung der Pflege im engeren Sinne folgen lassen. . . . . „*Hamburger Correspondent.*"

Verlag von J. F. BERGMANN in Wiesbaden.

Die moderne Behandlung
der
Lungenschwindsucht.

Mit besonderer Berücksichtigung
der
Physikalisch-diätetischen Heilmethoden
von
Dr. Felix Wolff
in Reiboldsgrün.

Mit einem Vorwort
von **Prof. Dr. H. Curschmann,**
Geh. Medicinalrath, Director der Medicin. Klinik in Leipzig.

Preis M. 2.80.

Die Therapie der chron. Lungenschwindsucht.

Von **Dr. Hermann Brehmer**, weil. dirigirender Arzt der Heilanstalt für Lungenkranke in Görbersdorf. Zweite umgearbeitete Auflage. *Preis M. 6.—.*

Die Heilung d. chronischen Lungenschwindsucht

durch Entwicklung der Kohlensäure im Magen. Von **Dr. med. Hugo Weber,** St. Johann-Saarbrücken. *Preis M. 1.—.*

Die nervöse Herzschwäsche u. ihre Behandlung.

Von **Dr. Gustav Lehr,** Wiesbaden. *Preis M. 2.70.*

Die Ursachen und die Verhütung der Blindheit.

Von **Dr. E. Fuchs,** Prof. a. d. Univ. Wien. *Preis M. 1.—.*

Das Regimen bei der Gicht. Von **Dr. W. Ebstein**

in Göttingen. *Preis M. 2.70.*

Die Verhütung des Kindbettfiebers. Von **Dr. med. H. Löhlein,**

ordentl. Professor der Geburtshülfe und Gynäcologie an der Universität Giessen. *Preis M. 1.—.*

Verlag von J. F. BERGMANN in Wiesbaden.

Ueber die
Lebensweise der Zuckerkranken.
Von Professor Dr. Wilhelm Ebstein,
Geh. Medicinalrath und Director der medicinischen Klinik in Göttingen.

Zweite Auflage. — Preis M. 3.60.

Die
Fettleibigkeit (Corpulenz)
und ihre Behandlung.
Von Professor Dr. Wilhelm Ebstein in Göttingen.

Siebente sehr vermehrte Auflage.

Preis M. 2.40.

UEBER ASTHMA,
sein Wesen und seine Behandlung.

Von
Dr. W. Brügelmann,
Director des Inselbades bei Paderborn.

Dritte vermehrte Auflage. — Preis M. 2.80.

Aus der Vorrede.

Durch die dritte Auflage vorliegender Schrift bin ich in der Lage, meine bisher veröffentlichten Studien und Erfahrungen über Asthma, sein Wesen und seine Behandlung noch wesentlich zu ergänzen. Einige bisher noch unerklärte Fragen, namentlich die nach der Immunität des Klimas, haben ihre Erledigung gefunden; für die so wichtige fünfte Form, das neurasthenische Asthma sind durch neue Studien ganz prägnante Erklärungen aufgestellt worden, welche dazu angethan sind, das Wesen dieser so dunklen Form immer mehr seiner Räthsel zu entkleiden. Zahlreiche therapeutische Maassnahmen sind neu angegeben, und eine Reihe beweisender Krankengeschichten illustriren die ganze Lehre in ihren verschiedenen Phasen; andere Krankengeschichten konnten bis auf den heutigen Tag fortgeführt werden.

Verlag von J. F. BERGMANN in Wiesbaden.

Soeben erschien:

Sexualleben und Nervenleiden.

Die

nervösen Störungen sexuellen Ursprungs.

Nebst einem Anhang über

Prophylaxe und Behandlung der sexuellen Neurasthenie.

Von

Dr. Leopold Loewenfeld,
Specialarzt für Nervenkrankheiten in München.

Zweite völlig umgearbeitete und sehr vermehrte Auflage.

Preis M. 5.—.

Inhaltsübersicht:

Vorwort zur ersten Auflage.
Vorwort zur zweiten Auflage.
Vorbemerkungen.
    I. Sexualtrieb und Pubertätsentwicklung.
   II. Die nervösen Störungen der Pubertätszeit.
  III. Die menstruellen nervösen Störungen.
        Anhang. Einfluss der Menstruation auf bestehende Nervenkrankheiten.
  IV. Die nervösen Störungen im natürlichen und künstlichen Klimakterium (Klimakterische Neurose).
   V. Die sexuelle Abstinenz beim Manne.
  VI. Sexuelle Abstinenz und Mangel sexueller Befriedigung beim Weibe.
 VII. Sexuelle Excesse und ähnliche Schädlichkeiten.
VIII. Onanie.
  IX. Der sexuelle Präventivverkehr.
   X. Ueber den Einfluss sexuellen Verkehrs auf bestehende Nervenkrankheiten und die Disposition zu solchen.
  XI. Erkrankungen der Sexualorgane bei Männern als Ursache von Nervenleiden.
        Anhang. Ueber Pollutionen und pollutionsartige Vorgänge.
 XII. Erkrankungen der Sexualorgane bei Frauen als Ursache von Nervenleiden.
XIII. Die Freud'sche Theorie von der Sexualität in der Aetiologie der Neurosen.
XIV. Eigene Untersuchungen über die sexuelle Aetiologie der neurotischen Angstzustände.
 XV. Prophylaxe und Behandlung der sexuellen Neurasthenie.
Literatur.
Sachregister.